Kathrin Termin

Die 50 besten Spiele für die Erstkommunion-Vorbereitung

DON BOSCO

MiniSpielothek

**Gerne nehmen wir Ihre Anregungen,
Wünsche, Kritik oder Fragen entgegen:**
Don Bosco Medien GmbH, Sieboldstraße 11, D-81669 München
anregungen@donbosco-medien.de
Servicetelefon +49(0)89 48008-341

Bibliografische Information der Deutschen Nationalbibliothek

Die Deutsche Nationalbibliothek verzeichnet diese Publikation in der Deutschen Nationalbibliografie; detaillierte bibliografische Daten sind im Internet über http://dnb.d-nb.de abrufbar.

klimaneutral gedruckt
www.klima-druck.de
ID-Nr. 22121835
bvdm.

1. Auflage 2023 / ISBN 978-3-7698-2556-5

www.donbosco-medien.de
Umschlag: Don Bosco Medien GmbH, München
Umschlaggrafik: SG- design/stock.adobe.com
Layout: Alexandra Paulus
Satz: Don Bosco Medien GmbH, München
Druck: Don Bosco Druck & Design, Ursensollen

Gedruckt auf umweltfreundlichem Papier

DON BOSCO

Inhalt

*Denn er hat
seinen Engeln befohlen,
dass sie dich behüten
auf allen deinen Wegen.*

Psalm 91,11

Spiele zum Kennenlernen und Ankommen

Blick in die Tasche

Die Kinder schauen in ihre Tasche oder ihr Federmäppchen und suchen sich einen Gegenstand aus, der ihnen wichtig ist. Anschließend stellt jeder sich und seinen Gegenstand vor.

Hinweis

Die Kinder können auch im Vorfeld darüber informiert werden, dass sie für die nächste Stunde einen ihnen wichtigen Gegenstand von zu Hause mitbringen und diesen den anderen vorstellen sollen.

Begrüßungskette

Die Kinder stehen hinter ihrem Sitzplatz. Ein Kind fängt an und begrüßt ein anderes Kind mit den Worten: „Hallo, ... (Name des Kindes)! Schön, dass du da bist."
Anschließend setzt es sich hin.
Das Kind, das begrüßt wurde, begrüßt das nächste Kind und setzt sich daraufhin ebenfalls hin. Die Begrüßung wird so lange fortgeführt, bis alle Kinder sitzen.

Bewegungsgruß

Die Kinder sitzen im Kreis. Ein Kind beginnt, sich mit seinem Namen und einer beliebigen Bewegung (zum Beispiel mit einem Finger auf die Nase tippen) vorzustellen. Folgender Satz kann dabei vervollständigt werden: „Ich heiße ... und mache so ...“
Der linke Sitznachbar macht weiter, wiederholt den Namen und die Bewegung des vorherigen Kindes und stellt sich mit einer neuen Bewegung vor („Du heißt ... und machst so ... und ich heiße ... und mache so ...“). Das nächste Kind muss wiederum den Namen und die Bewegung seines Vorgängers wiederholen und den eigenen Namen nennen und durch eine noch nicht vorgekommene Bewegung begleiten.

Variation

Das Spiel wird schwieriger, wenn von jedem Kind alle bisherigen Namen und Bewegungen wiederholt werden müssen.

Angekommen

Die Kinder halten sich an den Händen. Anschließend wird ein Kind bestimmt, das den Händegruß losschickt. Alle schließen die Augen.
Das ausgewählte Kind drückt im Anschluss leicht mit der rechten oder linken Hand die Hand des nächsten Kindes. Der Gruß wird von Kind zu Kind weitergegeben, bis der Gruß wieder beim ersten Kind angekommen ist. Das Kind beendet den Händegruß mit dem Wort: „Angekommen.“

Einstiegsfrage

Zu Beginn jeder Stunde stellt die Gruppenleitung eine Frage, die weder mit Ja noch mit Nein beantwortet werden kann. Anschließend äußern sich die Kinder frei zu dieser Frage.
Anhand der Frage lernt sich die Gruppe besser kennen und die Kinder erhalten die Möglichkeit, miteinander ins Gespräch zu kommen.

Beispielfragen

- Was kannst du besonders gut?
- Wo ist dein Lieblingsplatz?
- Welche Spiele spielst du am liebsten?
- Was hast du am Wochenende gemacht?

Variation

Nachdem die Kinder eine Beispielfrage kennengelernt haben, kann ein Kind in der nächsten Stunde eine eigene Einstiegsfrage an die Gruppe stellen.

Ordnen

Die Kinder erhalten die Aufgabe, sich nach unterschiedlichen Merkmalen der Reihe nach aufzustellen. Die Gruppenleitung kontrolliert, ob alle richtig stehen.

Beispielaufgaben

- Ordnet euch aufsteigend nach eurem Alter/Geburtsdatum.
- Ordnet euch aufsteigend nach eurer Schuhgröße.
- Ordnet euch von hell nach dunkel nach eurer Augenfarbe.
- Ordnet euch von hell nach dunkel nach eurer Lieblingsfarbe.

Variation

Die Kinder dürfen während der Aufgabe nicht miteinander sprechen.

Das bin ich

Jedes Kind bekommt ein weißes Blatt und einen Stift. Auf das Blatt zeichnet jedes Kind den Umriss der eigenen Hand und schreibt in die Mitte seinen Namen. Für jeden Finger wird eine Frage formuliert, z.B.:

- Kleiner Finger: Wann hast du Geburtstag?
- Ringfinger: Was magst du?
- Mittelfinger: Was magst du nicht?
- Zeigefinger: Was möchtest du mal werden?
- Daumen: Was ist dein Lieblingsfach?

Die Kinder schreiben ihre Antworten dazu auf den entsprechenden Finger. Anschließend stellen die Kinder sich mit ihrer gestalteten Hand vor und entdecken dadurch Gemeinsamkeiten und Unterschiede. Die Hände werden daraufhin so in der Mitte des Tisches platziert, dass sie sich berühren.

Material

weiße Papierblätter, Stifte

Ergänze

Die Gruppenleitung denkt sich einen Satzanfang aus, der mit unterschiedlichen Tätigkeiten fortgeführt werden kann, z.B.: „Heute habe ich schon …“
Die Kinder ergänzen reihum diesen Satzanfang. Wem nichts mehr einfällt, der scheidet aus. Der/die Gewinner/in denkt sich einen neuen Satzanfang aus.

Beispiele für Satzanfänge

- Ich kann gut …
- Wenn die Sonne scheint, …
- Am Wochenende …
- In der Schule …

Kerzenritual

In der Mitte steht eine Kerze. Die Kerze wird von der Gruppenleitung oder einem Kind entzündet und anschließend vorsichtig im Kreis herumgegeben. Das letzte Kind stellt die Kerze zurück in die Mitte.

Tipp

In der ersten Stunde der Erstkommunion-Vorbereitung wird eine Gruppenkerze mit den Namen der Kinder oder einem Symbol für jedes Kind gestaltet. Diese Kerze kann zu Beginn jeder Vorbereitungsstunde als Ritual entzündet werden und die Gruppenstunden begleiten.

Hinweis

Auf die Sicherheit im Umgang mit Feuer muss geachtet werden.

Material

Kerze, Stabfeuerzeug, evtl. Verzierwachsplatten und Kerzenstifte für das Verzieren der Kerze

Gefühlsrunde

Die Gruppenleitung bereitet eine runde Papierscheibe vor, auf die sie auf der Vorderseite ein fröhliches und auf der Rückseite ein trauriges Gesicht malt.
Die Kinder erhalten reihum die Papierscheibe. Das Kind, das die Papierscheibe in den Händen hält, wählt eine Seite des Gesichts aus und erzählt, wie es sich heute fühlt („Ich fühle mich (nicht) gut, weil ...“). Anschließend gibt es die Papierscheibe dem nächsten Kind.

Material

runde Papierscheibe oder Pappteller, Stift

Spiele zum Wahrnehmen und Entdecken

Weihwasserschale

Eine Schale mit Weihwasser wird im Kreis weitergereicht. Jeder, bei dem die Schale ankommt, stellt die Schale vor sich ab, nimmt sich etwas Weihwasser und bekreuzigt sich. Anschließend wird die Schale dem nächsten Kind gegeben. Das letzte Kind stellt die Schale in die Mitte.

Material

Schale mit Weihwasser (ggf. aus der Kirche)

Tipp

Weihwasser kann in einem selbst mitgebrachten Gefäß in der Kirche bzw. Sakristei geholt werden.

Brot

Ein Brot liegt in der Mitte des Sitzkreises. Die Kinder beschreiben das Aussehen des Brotes. Anschließend wird das Brot von der Gruppenleitung in Scheiben geschnitten und in einen Korb gelegt.
Reihum nimmt sich jedes Kind eine Scheibe Brot. Nachdem die Kinder den Duft und die Konsistenz des Brotes wahrgenommen haben, dürfen sie die Scheibe Brot langsam essen.
Im Anschluss berichten die Kinder, wie das Brot geschmeckt hat, und überlegen sich, welche Bedeutung der Vers des Vaterunsers „Unser tägliches Brot gib uns heute" für die Menschen hat.

Material

Brotlaib, Brett, Messer, Korb

Ich sehe was, was ihr nicht seht

In den meisten Kursen zur Erstkommunion wird mit einem Buch oder mit Bildern gearbeitet, in dem oder auf denen es viel zu entdecken gibt.
Die Gruppenleitung fängt an, sucht sich einen Aspekt auf dem Bild aus und beginnt das Spiel mit folgenden Worten:
„Ich sehe was, was ihr nicht seht und das ist ...“
Reihum versuchen die Kinder, die Stelle auf dem Bild zu erraten, die gemeint ist. Das Kind, das die Stelle gefunden hat, ist als Nächstes an der Reihe.

Material

Buch oder Bilder, evtl. Kinderbibel

Talente

Jedes Kind erhält drei Papierstreifen und schreibt auf jeden Papierstreifen eine Sache, die es besonders gut kann. Danach stellen die Kinder ihre Fähigkeiten der Gruppe vor.
Gemeinsam überlegen die Kinder, wie sie ihre Talente für andere einsetzen können. Die Ideen werden auf quadratischen Zetteln notiert. Anschließend wählt jedes Kind für sich eine Idee aus, die es bis zur nächsten Gruppenstunde verwirklichen will. In der nächsten Stunde bringen die Kinder die Zettel mit ihrem Vorhaben mit und berichten zu Beginn von ihren Erfahrungen und Gefühlen.

Material

Papierstreifen, Stifte, quadratische Zettel

Statuenspiel

Bei diesem Spiel geht es darum, die Kinder für die Körpersprache zu sensibilisieren. Die Kinder gehen ruhig durch den Raum und nehmen nach einem akustischen Signal (zum Beispiel Händeklatschen der Gruppenleitung) eine genannte Körperhaltung ein, beispielsweise:

- Ich bin fröhlich.
- Ich bin traurig.
- Ich bin wütend.
- Ich bin einsam.
- Ich bin nachdenklich.

Hören sie erneut das akustische Signal, dürfen sie sich wieder frei im Raum bewegen.

Variation

Statt bestimmte Emotionen auszudrücken, können die Kinder auch Gegenstände und Personen aus dem Kirchenraum nachstellen, beispielweise:

- Ich bin die Osterkerze.
- Ich bin eine Heiligenfigur.
- Ich bin die Chorleitung.

Feder und Stein

Vor jedes Kind wird eine Feder und ein Stein gelegt. Die Kinder bekommen Zeit, beide Gegenstände in Ruhe zu betrachten und zu erfühlen. Anschließend beschreiben sie die Gegenstände und vergleichen Feder und Stein miteinander. Die Gruppenleitung leitet zur nächsten Übung über: „Es gibt Situationen in unserem Leben, da fühlen wir uns leicht wie eine Feder oder schwer wie ein Stein. Überlege, wann du dich leicht wie eine Feder und schwer wie ein Stein gefühlt hast. Erzähle davon."
Die Kinder berichten von Situationen aus ihrem Leben und legen Feder und Stein in die Mitte des Gruppentisches.

Material

Federn, Steine

Friedensgruß

Im Gottesdienst bleibt meist nicht die Zeit, dass sich die Kinder untereinander ein Zeichen des Friedens (Händeschütteln, Lächeln, Zunicken) begleitet mit den Worten „Der Friede sei mit dir" geben.
Für diese Übung verteilen sich die Kinder im Raum und sprechen sich gegenseitig den Friedensgruß zu. Die Kinder setzen sich hin, sobald sie allen Kindern aus der Gruppe begegnet sind.

10-mal fragen

Ein Kind verlässt den Raum. Die Gruppe wählt einen bestimmten Gegenstand im Raum aus, der die Kinder an ein behandeltes Thema aus den Gruppenstunden erinnert. Das Kind wird von draußen wieder in den Raum gerufen und muss mit maximal 10 Fragen herausfinden, welchen Gegenstand die Gruppe bestimmt hat.
Die Fragen müssen dabei so gestellt werden, dass sie nur mit Ja oder Nein beantwortet werden können. Die Anzahl der Fragen bis der Gegenstand erraten wurde, wird als Punktzahl notiert.
Anschließend wählt das Kind ein anderes Kind für die nächste Runde aus. Das Kind mit den wenigsten Punkten gewinnt das Spiel.

Herzenswünsche

Jedes Kind würfelt einmal und darf je nach Augenzahl des Würfels Wünsche äußern. Bei den Wünschen geht es nicht um materielle Wünsche, sondern um Herzenswünsche. Diese Wünsche sollen deutlich machen, was einem nicht gefällt, worüber man sich ärgert oder was man gerne ändern möchte.

Beispiele für Wünsche

- Ich wünsche mir, dass jedes Kind genug zu essen hat.
- Ich wünsche mir, dass jeder seinen Müll richtig entsorgt.
- Ich wünsche mir, dass jedes Kind in die Schule gehen kann.

Variation

Hat ein Kind eine hohe Augenzahl gewürfelt, kann es einen Wunsch oder zwei Wünsche auch an andere Kinder verteilen.

Material

Würfel

Abstreifen

Die Kinder bilden Paare. Wer von den beiden die größeren Sorgen hat, darf sich zuerst seine Sorgen abstreifen lassen.
Dazu setzt sich das Kind hin. Das andere Kind legt ihm flach die Hände auf und streift ihm dann nach und nach die Arme, den Rücken und die Beine nach unten ab. Nachdem die Gliedmaßen behandelt wurden, schüttelt das Kind sie aus und die Rollen werden gewechselt.

Spiele zu biblischen Geschichten

Wer oder was bin ich?

Die Gruppenleitung bereitet für jedes Kind einen Klebezettel vor und notiert pro Klebezettel eine Person oder einen Gegenstand aus einer biblischen Geschichte, die oder der im Rahmen des Vorbereitungskurses thematisiert wurde. Anschließend werden die Klebezettel auf die Stirn der Kinder geklebt, sodass jedes Kind nur die Klebezettel der anderen Kinder lesen kann.

Das jüngste Kind beginnt und stellt eine Frage, die mit Ja oder Nein beantwortet werden kann, z.B.:

„Bin ich eine Person?"

Wird die Frage von der Gruppe mit Ja beantwortet, darf das Kind weiterfragen, bis eine Frage verneint wird.

Danach ist das nächste Kind an der Reihe. Ziel des Spiels ist es, dass die Kinder die Person oder den Gegenstand erraten, die oder der auf ihrem Klebezettel steht.

Material

Klebezettel, Stift

Standbild

Nachdem die Gruppenleitung eine biblische Geschichte erzählt hat, bekommen die Kinder die Aufgabe, die Stelle, die für sie am wichtigsten ist, in einem Standbild darzustellen.

Je nach Anzahl der Personen innerhalb der biblischen Geschichte können auch mehrere Gruppen gebildet werden.

Es empfiehlt sich, dass ein Kind aus der Gruppe die Rolle des Baumeisters übernimmt und die Kinder positioniert.

Wenn das Standbild fertig ist, wird es präsentiert. Gibt es mehrere Gruppen, können die anderen Kinder beschreiben, was dargestellt wird.

Material

Bibel

Bibelfußball

Die Kinder werden in zwei Gruppen eingeteilt und spielen gegeneinander. Jede Gruppe erhält eine Bibel.
Die Gruppenleitung zeichnet auf einem Blatt Papier ein Fußballfeld auf und stellt einen runden Gegenstand, der sich auf dem Feld frei verschieben lässt, auf die Mittellinie des Feldes.
Danach nennt die Gruppenleitung eine Bibelstelle, die die Gruppen aufschlagen sollen. Die Gruppe, die die Bibelstelle zuerst gefunden hat, darf den runden Gegenstand auf die Elfmeterlinie des gegnerischen Tores schieben.
Anschließend wird eine neue Bibelstelle von der Gruppenleitung genannt. Schlägt dieselbe Gruppe die Bibelstelle schneller als die andere Gruppe auf, wird ein Tor „geschossen“. Danach geht das Spiel von der Mittellinie aus weiter.
Falls die andere Gruppe die Bibelstelle schneller aufschlägt, wandert der Gegenstand zurück zur Mittellinie.
Die Gruppe, die nach der vereinbarten Spielzeit mehr Tore hat, gewinnt.

Variation

Anstatt Bibelstellen aufzuschlagen, können auch Fragen zu biblischen Erzählungen beantwortet werden, beispielsweise:

- Wie lange regnete es, nachdem Noah die Arche gebaut hatte? (40 Tage)
- Welchen Beruf übten die ersten Jünger Jesu aus? (Fischer)
- Wie heißt der blinde Bettler, der nach der Begegnung mit Jesus wieder sehen kann? (Bartimäus)

Material

aufgemaltes Fußballfeld, flacher und runder Gegenstand (z.B. eine Münze), Bibeln, evtl. Fragen zu biblischen Erzählungen

Textpuzzle

Bevor oder nachdem eine biblische Geschichte erzählt wird, erhalten die Kinder entweder zu zweit oder allein den biblischen Text als Puzzle bzw. in Teile zerschnitten.
Die Aufgabe besteht darin, die Teile richtig zusammenzusetzen.
Wenn alle das Textpuzzle zusammengelegt haben, wird der Bibeltext (nochmal) gemeinsam gelesen.

Material

Bibel, vorgefertigte Puzzleteile eines biblischen Textes

Bilder zur Geschichte

Die Gruppenleitung liest eine Geschichte aus der Bibel vor. Danach bekommt jedes Kind ein Blatt Papier und jeweils einen Buntstift mit einer bestimmten Farbe. Zur biblischen Geschichte wird anschließend ein Bild gemalt.
Benötigt ein Kind für sein Bild eine andere Farbe, muss es das Kind mit dieser Farbe zu sich bitten, und malt das eigene Bild weiter, indem es die Hand des Kindes mit der anderen Farbe führt.

Variation

Die Gruppe erhält ein großes Blatt Papier und muss gemeinsam ein Bild malen. Dabei steht jedem Kind nur eine Buntstiftfarbe zur Verfügung und die Kinder müssen sich absprechen, wer was malt.

Material

Bibel, weiße Papierblätter, verschiedenfarbige Buntstifte, evtl. großes weißes Blatt Papier

Biblische Frage

Alle Kinder stellen sich in einem Kreis auf. Ein Kind geht freiwillig in die Mitte, schließt die Augen und denkt sich eine Frage zu einer biblischen Geschichte oder Person aus. Währenddessen geben die Kinder im Kreis einen Ball weiter.
Hat das Kind eine biblische Frage parat, ruft es „Stopp!" und öffnet die Augen. Das Kind, das in dem Moment den Ball hält, muss die Frage beantworten. Während das Kind über die Antwort nachdenkt, wird der Ball weiter im Kreis herumgegeben, bis der Ball wieder beim Kind angekommen ist. Kann das Kind die Frage dann nicht beantworten, muss es als nächstes in die Mitte.

Material

Ball

Schöpfungsblume

Jedes Kind erhält ein Blatt Papier und einen Bleistift. Die Kinder zeichnen auf das Blatt eine Blume und schreiben in die Mitte der Blüte, was ihnen an der Welt bzw. an der Schöpfung gefällt.

Anschließend wird die Blume ausgemalt, ausgeschnitten und die Blütenblätter werden übereinander zur Mitte gefaltet, sodass jedes Kind eine geschlossene Blume in den Händen hält.

Die Kinder legen gleichzeitig oder nacheinander ihre Blumen in eine Schale mit Wasser und betrachten, wie sich die Blütenblätter der Blumen langsam öffnen. Jedes Kind sucht sich eine Blume von einem anderen Kind aus und liest vor, was in der Mitte der Blume steht.

Material

weiße Papierblätter, Bleistifte, Buntstifte, Scheren, große Schale mit Wasser

Senfkorn

Die Kinder verteilen sich im Raum und machen sich ganz klein. Die Gruppenleitung erzählt eine Geschichte von einem Senfkorn, das ganz klein ist und langsam wächst. Die Kinder bewegen sich zu den Worten der Erzählung, bis jedes Kind zu einer großen „Pflanze“ herangewachsen ist, die sich sanft im Wind wiegt.

Beispielgeschichte

Du bist ein kleines Senfkorn und liegst in der Erde. Du fühlst dich sicher und geborgen. Die Sonne scheint auf die Erde und wärmt dich. In dir beginnt es, sich zu regen, und die Schale wird dir zu eng. Du spürst, wie deine Schale aufbricht, wie sich kleine Wurzeln bilden und in der Erde verankern. Du wendest dich der warmen Sonne zu. Langsam strebst du dem Licht der Sonne entgegen und durchbrichst die warme Erde. Du wächst und wirst immer größer und größer. Aus dir wird eine kleine, dann eine große Pflanze. Dir wachsen starke Äste und viele Blätter. Du hast tiefe Wurzeln, die dich tief in der Erde halten. Deine Äste wiegen sich im Wind.

Die Arche

Ein Kind beginnt das Spiel mit den Worten: „Noah nimmt einen Hahn – kikeriki – mit in die Arche." Das nächste Kind fährt fort, überlegt sich ein neues Tier und macht dabei ein Geräusch oder eine Bewegung. Fällt einem Kind kein neues Tier mehr ein, ist das nächste Kind an der Reihe. Das Spiel endet nach einer festgelegten Zeit oder wenn keinem mehr ein Tier einfällt.

Variation

Das Spiel wird schwieriger, wenn die Kinder alle Tiere mit den jeweiligen Geräuschen oder Bewegungen, die zuvor genannt und gemacht wurden, wiederholen müssen.

Szenisches Spiel

Die Gruppenleitung wählt eine biblische Geschichte aus, die sich für ein szenisches Spiel eignet.
Die Kinder bilden je nach biblischer Geschichte kleine Gruppen oder setzen gemeinsam die biblische Geschichte szenisch um. Dafür liest entweder die Gruppenleitung die biblische Geschichte vor oder die Kinder erhalten einen Text der biblischen Geschichte. Daraufhin entscheiden die Kinder, wer welche Rolle übernimmt und wie sie die biblische Geschichte umsetzen können. Nachdem die Kinder geprobt haben, führen sie die biblische Geschichte auf.

Beispielgeschichten

- Die Sturmstillung: Mt 8,23-27; Mk 4,35-41; Lk 8,22-25
- Die Kindersegnung: Mk 10,13-16
- Zachäus: Lk 19,1-10
- Der barmherzige Vater: Lk 15,11-32
- Bartimäus: Mk 10,46-52

Variation

Die Kinder ziehen im Vorfeld ein Rollenkärtchen, sodass die Rollenzuteilung zufällig erfolgt. Requisiten, wie bunte Tücher oder Kochutensilien, können bei bestimmten biblischen Geschichten zum Einsatz kommen und unterstützen die Kinder dabei, sich in ihre jeweilige Rolle hineinzuversetzen.

Material

Text zu einer biblischen Geschichte, evtl. Rollenkärtchen und Requisiten

Spiele zu Themen der Erstkommunion

Visitenkarte

Jedes Kind erhält ein Blatt Papier und einen Bleistift. Das Blatt wird so gefaltet, dass vier gleich große Felder entstehen. Für jedes Feld wird ein Satzanfang von der Gruppenleitung vorgegeben, der als Impuls zum Thema dient. Der Satz wird von den Kindern vervollständigt. Anschließend wird jeder Impuls gemeinsam besprochen.

Beispielimpulse

- Jesus/Gott ist für mich: ...
- Das weiß ich über Jesus/Gott: ...
- Diese Geschichten kenne ich über Jesus/Gott: ...
- Mich interessieren diese Fragen zu Jesus/Gott: ...

Material

weiße Papierblätter, Bleistifte, vorbereitete Satzanfänge

Akrostichon

Das Thema der Stunde wird von der Gruppenleitung in Großbuchstaben in die Mitte gelegt. Jedes Kind überlegt sich zu jedem Buchstaben des Wortes ein neues Wort, das zum Thema passt, und schreibt es auf ein Blatt Papier.

Beispiel

Braun
Roggen
Ofen
Teilen

Material

Thema der Stunde in Großbuchstaben, weiße Papierblätter, Bleistifte

Kirchenquiz

Die Kinder verteilen sich in den Ecken eines Raumes. Die Gruppenleitung stellt Fragen zum Kirchenraum. Das Kind, das die Frage zuerst richtig beantwortet, geht im Uhrzeigersinn in die nächste Ecke. Es gewinnt, wer zuerst eine Runde durch den Raum gegangen bzw. in seiner Start-Ecke angekommen ist.

Beispielfragen

- Wie heißt das Lesepult, an dem aus der Bibel vorgelesen wird? (Ambo)
- Wie heißt der Tisch, auf dem die Eucharistiefeier stattfindet? (Altar)
- Wie heißt der Schrank, in dem der Leib Christi aufbewahrt wird? (Tabernakel)
- Wie heißen die Kinder, die dem Priester während des Gottesdienstes helfen? (Ministranten/ Messdiener)

Material

vorbereitete Fragen zum Kirchenraum

Einladung

Die Gruppenleitung bereitet eine geschriebene oder ausgedruckte Geburtstagseinladung in einem Briefumschlag vor und legt diesen in die Mitte.
Die Kinder stellen Vermutungen zum Inhalt des Briefes an. Anschließend liest ein Kind die im Brief enthaltene Einladung vor. Gemeinsam wird gesammelt, wie man sich als Gast auf das Fest vorbereitet.
Anschließend können der Sonntagsgottesdienst als wöchentliche Einladung und die Vorbereitungen auf dieses Fest in den Blick genommen werden.

Material

geschriebene oder ausgedruckte Geburtstagseinladung, Briefumschlag

Gebetshaltungen

Die Körperhaltung unterstützt, was beim Gebet ausgedrückt werden soll. Hintereinander werden die drei Gebetshaltungen (stehen, sitzen, knien) eingenommen. Nach jeder Gebetshaltung teilen die Kinder ihre Eindrücke mit und vergleichen die Gebetshaltungen miteinander.
Im Anschluss daran können die drei Gebetshaltungen genauer erschlossen werden:

- Wir dürfen vor Gott stehen, wie wir sind, fest mit beiden Beinen auf dem Boden. Wir sind aufmerksam für das, was kommt.
- Im Sitzen sind wir bereit, Gottes Wort zu hören. Wenn wir dabei die Augen schließen und die Hände falten, sind wir konzentriert und fokussiert.
- Wenn wir uns niederknien, machen wir uns kleiner und zeigen, dass wir Gott wie einen König verehren.

Vor dem Hintergrund dieser Erklärungen kann gemeinsam mit den Kindern die Frage „Wann stehen, sitzen und knien wir im Gottesdienst?" beantwortet werden.

1, 2 oder 3

Die Kinder bekommen Fragen zu Themen aus den Erstkommunionsstunden gestellt. Zu jeder Frage werden drei Antwortmöglichkeiten genannt. Anschließend bekommen die Kinder 30 Sekunden Zeit, um über die Frage nachzudenken und sich bei einer der drei Antwortmöglichkeiten zu positionieren. Dazu werden mit zwei Seilen oder mit Kreppklebeband 3 Felder abgetrennt, denen die Zahlen 1, 2 und 3 zugeordnet werden. Daraufhin wird die richtige Antwort genannt und jedes Kind, das richtig steht, erhält einen Punkt. Wer am Schluss die meisten Punkte hat, gewinnt.

Beispielfragen

- Welches Zeichen erinnert uns an den Bund zwischen Noah und Gott?
  1) der Regen **2) der Regenbogen** 3) die Sonne
- Wie viele Stationen hat ein Kreuzweg?
  1) 10 2) 13 **3) 14**
- Wie heißt das Sakrament, bei dem man in die Gemeinschaft der Christen aufgenommen wird?
  1) Taufe 2) Erstkommunion 3) Firmung

Material

zwei Seile oder Kreppklebeband, Schilder mit den Zahlen 1, 2 und 3, vorbereitete Fragen

Erstkommunionsmaler

Die Gruppenleitung bestimmt ein Kind zum Maler und flüstert ihm einen Begriff zu den bisherigen Themen der Erstkommunionsstunden zu. Das Kind zeichnet den Begriff auf ein Blatt Papier, welches für alle gut sichtbar in der Mitte liegt.
Wer den Begriff zuerst errät, zeichnet als Nächstes.

Beispielbegriffe

Kirche, Orgel, Tabernakel, Messdiener, Priester, Altar, Brot, Kelch, Arche Noah, Bibel, Osterkerze, Kreuz, Weihwasserbecken

Material

weiße Papierblätter, Bleistifte

Tabu

Im Vorfeld zu diesem Spiel werden von der Gruppenleitung Kärtchen mit Begriffen aus dem Vorbereitungskurs erstellt. Die Gruppenleitung beginnt, zieht ein Wortkärtchen und erklärt den Kindern den Begriff, ohne diesen oder ein ähnliches Wort zu benutzen. Bei den Erklärungen darf stellvertretend für das gesuchte Wort der Begriff „Dingsbums“ verwendet werden. Wer den Begriff zuerst errät, erhält das Kärtchen und darf das nächste Kärtchen ziehen. Das Kind, das am Ende die meisten Kärtchen besitzt, gewinnt.

Beispielbegriffe

Küster, Priester, Beichtstuhl, Altar, Tabernakel, Messdiener, Osterkerze, Bibel

Material

Wortkärtchen

Kieselstein-Kreis

Bei diesem Spiel geht es darum, dass die Kinder über belastende Situationen aus ihrem Leben nachdenken. Die Gruppenleitung legt kleine Steine in die Mitte. Reihum haben die Kinder die Möglichkeit, über ihre Sorgen zu sprechen, und nehmen sich dafür jeweils einen Stein aus der Mitte.
Im Anschluss an die Erzählung wird der Stein mit den Worten „Mir fällt ein Stein vom Herzen!“ in einer Schale mit Wasser versenkt.
Daraufhin kann das Sakrament der Beichte thematisiert werden.

Material

Schale mit Wasser, kleine Steine

Violetter Luftballon

Die Gruppenleitung hält einen noch nicht aufgeblasenen violetten Luftballon in der Hand. Dieser Luftballon ist ein stellvertretendes Zeichen für Schuld. Der Luftballon wird Stück für Stück aufgeblasen. Je größer der Luftballon bzw. die Schuld wird, desto mehr versperrt er die Sicht zwischen den Menschen und stört die Gemeinschaft. Die Kinder schreiben verschiedene Arten von Schuld bzw. Sünde auf den Luftballon.

Hinweis

Im Anschluss an dieses Spiel kann zum Sakrament der Beichte übergeleitet werden. Nach der ersten Beichte kann der Luftballon symbolisch für die Vergebung der Sünden zum Platzen gebracht werden.

Material

violetter Luftballon, Filz- oder Lackstift, Nadel

Spiele für zwischendurch und den Abschluss

Abtauchen

Für dieses Spiel werden je nach Gruppengröße zwei bis vier Kinder ausgewählt, die sich vor die anderen Kinder stellen. Die Kinder, die noch am Tisch sitzen, legen ihren Kopf auf ihre Arme, schließen die Augen und stellen einen Daumen auf. Anschließend gehen die anderen Kinder leise zu einem Kind und berühren den Daumen.

Wurde der Daumen eines Kindes berührt, legt das Kind den Daumen ab. Wenn alle Kinder ihre Daumen gesenkt haben, rufen die stehenden Kinder gemeinsam: „Auftauchen!"

Die Kinder setzen sich aufrecht hin, öffnen die Augen und stellen sich dann hinter das Kind, das ihrer Meinung nach ihren Daumen berührt hat. Stehen alle Kinder hinter einem Kind, wird aufgelöst. Die Kinder, die richtig geraten haben, bleiben stehen und lösen die anderen Kinder ab. Hat ein Kind sich nicht richtig zugeordnet, setzt es sich wieder hin und taucht gemeinsam mit den weiteren Kindern ab.

Wettermassage

Jedes Kind sucht sich einen Partner. Gemeinsam bestimmen sie, wer zuerst massiert wird. Dieses Kind setzt sich bequem mit dem Rücken zu seinem Partner und schließt die Augen. Das andere Kind sitzt oder steht dahinter und massiert mit zum Wetterbericht passenden Handbewegungen den Rücken des Partners. Anschließend werden die Rollen gewechselt.

Beispiel für einen Wetterbericht

Morgens geht die Sonne langsam auf.
  mit flachen Händen den Rücken wärmen
Im Laufe des Tages ziehen Wolken auf.
  mit den Fäusten leicht auf den Rücken drücken
Es fängt an, leicht zu regnen.
  mit den Fingern leicht auf den Rücken klopfen
Der Regen wird stärker.
  das Klopfen verstärken
Der Regen hört langsam auf und die Wolken verziehen sich.
  das Klopfen abschwächen

Die Sonne scheint wieder und weit am Horizont ist ein Regenbogen zu sehen. Der Regenbogen erinnert uns an den Bund zwischen Gott und den Menschen.

mit der flachen Hand die Bögen eines Regenbogens nachzeichnen

Menschen-Paare

Zwei Kinder werden ausgewählt und gehen aus dem Raum. Anschließend finden sich die anderen Kinder in Paaren zusammen und überlegen sich jeweils eine Bewegung, z.B. einmal springen.
Wenn sich jedes Paar eine Bewegung überlegt hat, lösen sich die Paare auf und die Kinder verteilen sich im Raum.
Die Kinder vor der Tür werden wieder in den Raum geholt. Das jüngere Kind darf beginnen und zeigt nacheinander auf zwei Kinder. Diese Kinder machen ihre Bewegungen vor.
Sind die Bewegungen identisch, hat das Kind ein Paar gefunden. Das Paar stellt sich hinter dem Kind auf und das Kind wählt zwei weitere Kinder aus.
Sind die Bewegungen unterschiedlich, ist das zweite Kind an der Reihe.
Das Spiel endet, wenn alle Paare gefunden wurden. Das Kind, das mehr Paare hinter sich stehen hat, gewinnt das Spiel.

Gedankenkoffer

Ein Kind beginnt mit den Worten: „Ich packe meinen Gedankenkoffer und nehme ... mit.“ Dabei nennt das Kind eine Sache, die ihm im Rahmen der Vorbereitungsstunde begegnet ist. Das Kind, das rechts daneben sitzt, wiederholt den Satz und fügt etwas Neues hinzu. So geht es reihum weiter.
Wer es nicht schafft, die genannten Dinge der vorherigen Kinder zu wiederholen, scheidet aus. Das Spiel endet, wenn nur noch zwei Kinder übrig sind.

Stille Post

Die Kinder sitzen im Kreis. Die Gruppenleitung bestimmt ein Kind, das seinem rechten Sitznachbarn ein Wort aus dieser oder der letzten Vorbereitungsstunde ins Ohr flüstert. Dieses Wort wird reihum weitergegeben, bis das Wort wieder beim ersten Kind angekommen ist. Das Kind spricht das Wort laut aus und löst auf, ob es das Anfangswort oder ein anderes Wort ist.

Variation

Die Kinder sitzen im Kreis und drehen sich nach rechts zum Rücken ihres Nachbarn. Statt ein Wort ins Ohr zu flüstern, wird ein einfaches Bild mit dem Finger von Rücken zu Rücken weitergegeben.

Gefunden

Alle Kinder gehen aus dem Raum. Die Gruppenleitung versteckt einen kleinen Gegenstand so, dass er leicht zu finden ist, ohne etwas bewegen zu müssen. Anschließend kommen alle wieder in den Raum und schauen sich nach dem bekannten Gegenstand um. Hat jemand den Gegenstand gesehen, setzt er sich leise auf einen Stuhl. Die Gruppenleitung lässt sich von den Kindern, die sitzen, das Versteck ins Ohr flüstern. Wer den Gegenstand als Letzter findet, bleibt im Raum und versteckt den Gegenstand für die nächste Runde.

Material

kleiner Gegenstand (z.B. ein Kreuz)

Abschlussgebet

Am Ende der Vorbereitungsstunde wird gemeinsam gebetet. Die Gruppenleitung beginnt das Gebet mit folgenden Worten: „Herr, am Ende unserer Gruppenstunde wollen wir dir danken."

Reihum können die Kinder mit ihren eigenen Worten Gott ihren Dank aussprechen: „Gott, wir danken dir für …"

Das Gebet kann von der Gruppenleitung beendet werden: „Guter Gott, nimm an all unseren Dank und begleite uns in dieser Woche. Amen."

Bewegungsfeedback

Jedes Kind gibt am Ende eine Rückmeldung zur Stunde. Einzelne Bewegungen begleiten dabei das Feedback.

Bewegungen

- Daumen hoch: Das hat mir gefallen.
- Auf die Schläfe tippen: Das habe ich gelernt.
- Kopf schütteln: Das hat mir nicht gefallen.
- Hände aufhalten: Das nehme ich mit.

Stimmungsbarometer

Die Gruppenleitung legt ein Seil oder eine lange Schnur auf den Boden. An das eine Ende legt sie einen fröhlichen und an das andere Ende einen traurigen Smiley. Danach stellt die Gruppenleitung Fragen zur gemeinsam verbrachten Vorbereitungsstunde, wie z.B.:

- Wie hat dir die Stunde heute gefallen?
- Mit welchem Gefühl gehst du gleich nach Hause?

Entsprechend ihrer Stimmung positionieren sich die Kinder auf der Linie. Anschließend kann die Gruppenleitung die Kinder auch nach einer Begründung für ihre Position fragen.

Material

Seil oder Schnur, zwei runde Papierscheiben (einmal mit fröhlichem Smiley, einmal mit traurigem Smiley)

Abschlussrunde

Am Ende der Vorbereitungsstunde wird ein Gegenstand weitergereicht. Das Kind, das den Gegenstand hat, teilt mit, was es heute gelernt oder was ihm besonders gut gefallen hat.

Material

Gegenstand

ISBN 978-3-7698-2510-7

ISBN 978-3-7698-2503-9

ISBN 978-3-7698-2498-8

ISBN 978-3-7698-2497-1

ISBN 978-3-7698-2466-7

ISBN 978-3-7698-2465-0

ISBN 978-3-7698-2449-0

ISBN 978-3-7698-2450-6

ISBN 978-3-7698-2397-4

ISBN 978-3-7698-2398-1

ISBN 978-3-7698-2291-5

ISBN 978-3-7698-2400-1

ISBN 978-3-7698-2374-5

ISBN 978-3-7698-2373-8

ISBN 978-3-7698-2376-9

ISBN 978-3-7698-2375-2

ISBN 978-3-7698-2356-1

ISBN 978-3-7698-2260-1